D1719917

Goldkind

Diesem Buch liegt ein E-Book-Code bei.
Der individuelle Code berechtigt zum ein-
maligen kostenfreien Download des E-Books.

© mixtvision Verlag, München 2015
www.mixtvision-verlag.de
Alle Rechte vorbehalten.
Layout: Matrix Buchkonzepte, C. Modi & M. Orlowski, Hamburg
Umschlaggestaltung: Henry's Lodge, Zürich
Druck und Bindung: Kösel GmbH & Co. KG, Altusried-Krugzell

ISBN 978-3-95854-029-3

Eva
Rottmann
Goldkind

Dramatiker erzählen für Kinder

Mit Illustrationen
von Eleanor Sommer

mixtvision

»Für L. und O. und G. und alle,
die lieber mit den Sternen zwinkern,
als nach ihnen zu greifen«

Eva Rottmann

»Für Max, mein Goldkind,
und für Herrn Sommer, meinen Goldschatz«

Eleanor Sommer

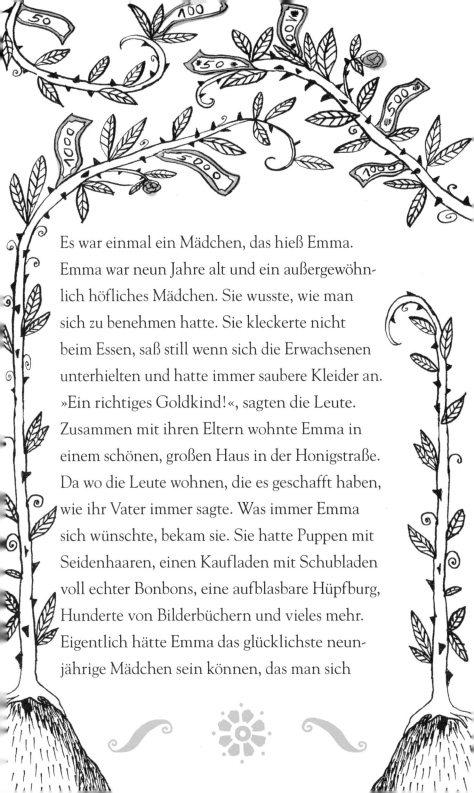

Es war einmal ein Mädchen, das hieß Emma.
Emma war neun Jahre alt und ein außergewöhn-
lich höfliches Mädchen. Sie wusste, wie man
sich zu benehmen hatte. Sie kleckerte nicht
beim Essen, saß still wenn sich die Erwachsenen
unterhielten und hatte immer saubere Kleider an.
»Ein richtiges Goldkind!«, sagten die Leute.
Zusammen mit ihren Eltern wohnte Emma in
einem schönen, großen Haus in der Honigstraße.
Da wo die Leute wohnen, die es geschafft haben,
wie ihr Vater immer sagte. Was immer Emma
sich wünschte, bekam sie. Sie hatte Puppen mit
Seidenhaaren, einen Kaufladen mit Schubladen
voll echter Bonbons, eine aufblasbare Hüpfburg,
Hunderte von Bilderbüchern und vieles mehr.
Eigentlich hätte Emma das glücklichste neun-
jährige Mädchen sein können, das man sich

vorstellen konnte. Das war sie nun aber nicht. Emmas Eltern waren viel beschäftigte Leute. Sie arbeiteten oft bis spätabends und manchmal sogar am Wochenende. An und für sich fand Emma das gar nicht so schlimm. Es ist ja auch nett, nicht immer Eltern um sich zu haben, die kontrollieren, dass man seine Hausaufgaben macht und sich nach dem Essen die Zähne putzt. Schlimm war es vor allem dann, wenn Emmas Eltern müde und gestresst von der Arbeit nach Hause kamen. Dann reichte eine winzige Kleinigkeit, eine blöde Bemerkung oder ein falscher Blick, schon waren Emmas Eltern auf hundertachtzig und führten eine ihrer

»Diskussionen«. Sie sagten »Diskussion«, aber
Emma hatte schon lange durchschaut, dass das
nur ein netteres Wort für Streit war.

Es fing zum Beispiel so an, dass Emmas Mutter zu
spät von der Arbeit kam, um noch zu kochen.
Dann bestellte sie eine Pizza oder holte eine Fertig-
lasagne aus der Tiefkühltruhe.

»Du musst gar nicht so gucken!«, sagte sie, wenn
Emmas Vater kurze Zeit später nach Hause kam
und ärgerlich die Augenbrauen hochzog. »Du
könntest ja selbst früher von der Arbeit kommen

und dem Kind eine anständige Mahlzeit kochen!« Und dann ging es los. Irgendwann brüllte Emmas Vater, Emmas Mutter heulte oder umgekehrt oder alles miteinander. Und Emma saß mittendrin und verstand überhaupt nicht, wo das Problem lag. Sie fand, dass Pizza und Lasagne eine ziemlich anständige Mahlzeit darstellten. Aber davon wollten ihre Eltern nichts wissen. Überhaupt wollten sie leider selten wissen, wie Emma die Dinge sah.

Eines Abends stritten sich Emmas Eltern besonders heftig. Beim Essen hatten sie festgestellt, dass Emmas Mutter (sie arbeitete übrigens als Professorin an der Universität) am Wochenende auf eine Expedition gehen wollte. Und ausgerechnet für dieses Wochenende hatte sich Emmas Vater (er war Zahnarzt) für einen Kongress angemeldet. »Das ist ja wieder mal typisch!«, schimpfte Emmas Vater. »Und was machen wir mit Emma?« Emmas Mutter machte ein paar Telefonate, aber keiner hatte so kurzfristig Zeit, auf Emma aufzupassen. »Dann musst du wohl deinen Kongress absagen«, meinte sie.

Emmas Vater stand so heftig vom Tisch auf, dass sein Stuhl umkippte. »Das kommt überhaupt nicht infrage!«, brüllte er.

Emma verzog sich mit einem Stück Pizza nach oben in ihr Zimmer, aber sie bekam keinen Bissen herunter. Unten knallte eine Tür. Anscheinend hatte Emmas Mutter sich im Badezimmer eingeschlossen, denn als Nächstes hörte Emma, wie ihr Vater mit den Fäusten gegen die Tür trommelte: »Mach auf!«

»Geh doch dahin, wo der Pfeffer wächst!«, schrie Emmas Mutter.

»Schrei nicht so!«, brüllte ihr Vater. »Emma kann uns hören!«

»Ist mir schnurzpiepegal!«, kreischte Emmas Mutter.

Emma schloss ihre Zimmertür. In ihrem Hals steckte ein dicker Kloß, der sich nicht hinunterschlucken ließ. »Nicht weinen, nicht weinen, nicht weinen«, wiederholte sie in ihrem Kopf wie eine Zauberformel. Im unteren Stockwerk rumpelte es heftig, Emmas Vater warf sich gegen die Badezimmertür und versuchte sie aufzubrechen. Emma zog ihre Jeans über die Pyjamahose, packte ein paar notwendige Dinge (eine Taschenlampe, ihren Schlafsack, den Teddy und fünf Tafeln Schokolade) in ihren Rucksack und öffnete das Fenster. Ihr Zimmer lag direkt über der Garage. Emma zögerte nicht lange und sprang.

Der Bewegungsmelder ging an, als Emma auf dem Garagendach landete. Hätten ihre Eltern in diesem Moment einen Blick aus dem Fenster geworfen, hätten sie Emma sehen können, wie sie sich geschickt an der Regenrinne hinunter auf die Straße hangelte. Aber die saßen sich wahrscheinlich mittlerweile in der Badewanne gegenüber und brüllten sich an. Ohne sich noch einmal umzudrehen, rannte Emma davon.

Die Honigstraße lag am Stadtrand und direkt hinter dem letzten Haus begann der Wald. Emma lief ein paar Hundert Meter am Waldrand entlang, bis sie zu einem Jägerhochsitz kam, und kletterte hinauf. Sie war schon oft tagsüber dort gewesen, aber jetzt, im Dunklen, war es ziemlich unheimlich.

Der Wald knackte und raschelte und zischte wie ein großes Tier. Und da! Waren da nicht Stimmen zu hören? »Ach was, das bildest du dir nur ein«, flüsterte Emma. »Um diese Uhrzeit ist doch niemand mehr im Wald.«

Und doch … Da kamen Leute! Sie redeten und lachten laut und steuerten ausgerechnet auf den

Jägerhochsitz zu. Dann ließen sie sich direkt da-
neben nieder und zündeten ein Feuer an.

Emmas Herz klopfte bis zum Hals. Vorsichtig legte
sie sich auf den Bauch und spähte hinunter. Es
waren Struppige. Einige von ihnen kamen Emma
bekannt vor. Der mit dem großen Schnurrbart
und dem Schlapphut zum Beispiel, der saß immer
mit seinem Hund und seiner Mundharmonika in
der Fußgängerpassage. Die kleine dünne
Frau, in deren verzotteltem Lockenkopf eine grüne Feder steckte,
stand oft vor dem Kaufhaus

und bettelte mit einem leeren Kaffeebecher die
Passanten an. Und der mit dem karierten Jackett
schlief manchmal auf der Parkbank vor Emmas
Schule.

Von ihrer Mutter wusste Emma, dass diese Leute
auf der Straße lebten. Man konnte »Obdachlose«
zu ihnen sagen und manche nannten sie auch
»Penner«. Das taten aber nur die Menschen, die
nicht wussten, was sich gehörte, hatte Emmas
Mutter erklärt. Emma fand, dass »Struppige« am
besten zu ihnen passte.

So leise sie konnte, schob Emma sich in die hinterste Ecke des Jägerhochsitzes. Und da passierte es. Ihr Fuß stieß gegen den Rucksack und bevor Emma ihn zu fassen kriegte, fiel er hinunter auf den Waldboden. Emma hörte, wie jemand aufstand und den Rucksack untersuchte.

»Da ist Schokolade drin!«, sagte eine Männerstimme.

»Schokolade«, seufzte eine Frauenstimme »Ich habe schon seit hundert Jahren keine Schokolade mehr gegessen!«

»Finger weg! Ich hab sie zuerst gesehen.«

»Nicht streiten!«, mischte sich eine dritte Stimme ein. »Viel wichtiger ist doch: Wo kommt die Schokolade her?«

»Sie ist von da oben runtergefallen«, meinte eine vierte Stimme.

»Schokolade wächst aber nicht auf Bäumen.«

»Du meinst, da oben ist jemand?«

Nun senkten die Struppigen ihre Stimmen und flüsterten eine Weile miteinander. Dann rief einer: »He, Sie! Das ist nicht gerade die feine Art, sich mitten in der Nacht auf Bäume zu setzen und anständige Leute zu belauschen. Kommen Sie sofort runter, sonst klappert's im Gebüsch!«

Vorsichtig streckte Emma ihren Kopf aus dem Jägerhochsitz.

»Das ist ja ein Kind!«, rief die Frau mit der grünen Feder. »Was machst du denn so spät noch draußen, Kleine? Du wirst dir ja einen Schnupfen holen!«

Der Mann mit dem Schlapphut hob seine Hand und winkte Emma herunter: »Mach dir nicht in die Hosen, Mädchen. Wir sind nur halb so gefährlich wie wir aussehen. Komm, setz dich zu uns ans Feuer!«

Emma kletterte vom Jägerhochsitz und nahm zögerlich zwischen den Struppigen Platz.

»Willkommen in unserer kleinen Runde«, sagte der Mann mit dem Schlapphut. »Ich bin Schnurrowski und das ist mein Hund Napoleon. Die kleine Verrückte mit der Feder auf dem Kopf ist die Grüne Jenny und der da mit dem karierten Jackett ist unser Professor.«

Dann gab es da noch die Krawall-Astrid, Zwockel, Lü, Amore, Katz, Whiskey-Lukas, Jekka, Oski-poski und den langen Jones. Sie sahen alle ziemlich verlaust aus und stanken wie ein Rudel Wildschweine. Aber sie grinsten Emma so freundlich an, dass sie beschloss, keine Angst mehr vor ihnen zu haben.

»Wollt ihr die Schokolade haben?«, fragte sie. Das ließen sich die Struppigen nicht zweimal sagen.

»Was halten eigentlich deine Eltern davon, dass du mitten in der Nacht im Wald herumspazierst?«, fragte der Professor mit vollem Mund.

»Das ist denen egal«, antwortete Emma leise.

»Das sind mir ja schöne Eltern!«, rief die Grüne Jenny. »Wenn ich so ein kleines, hübsches Mädchen hätte, dann würde ich es jeden Abend eigenhändig unter die Bettdecke stecken und zu ihm sagen: Lass dir bloß nicht einfallen, bis morgen früh etwas anderes zu tun, als hier zu liegen und schöne Träume zu haben!«

»So klein ist unsere Freundin gar nicht«, wandte Schnurrowski ein. »Sie ist jedenfalls groß genug, um mit uns jetzt eine ordentliche Polka zu tanzen.« Er holte seine Mundharmonika hervor und fing an, eine Melodie zu blasen, die Emma fröhlich und traurig zugleich machte.

»Hey, ho!«, riefen die Struppigen, packten Emma und tanzten so wild und so ulkig mit ihr um das Feuer, dass Emma Bauchschmerzen vor lauter Lachen bekam.

»Das war lustig!«, rief sie, als das Lied zu Ende war. »Noch mal!«

»Ein andermal, kleines Fräulein«, sagte der Professor. »Jetzt bringen wir dich nach Hause.«

»Ich will nicht nach Hause!«, rief Emma. »Ich will bei euch bleiben!«

»Das geht doch nicht«, sagte Schnurrowski.

»Warum geht das nicht?«, fragte Emma. Darauf wusste Schnurrowski keine Antwort.

»Weil wir uns um Mitternacht in Sterne verwandeln«, kam ihm die Grüne Jenny zu Hilfe. »Es macht Plopp und plötzlich sind wir nicht mehr da. Dann wärst du ganz allein hier. Und ich habe gehört, dass sich in diesem Wald ein paar Bären herumtreiben, die es vor allem auf kleine Mädchen abgesehen haben.«

Emma wusste nicht so recht, ob sie das glauben sollte. Aber die Struppigen nickten so ernst, dass sie lieber nichts riskieren wollte. Gemeinsam liefen sie zurück in die Honigstraße. Als Emma den Struppigen ihr Haus zeigte, pfiff Schnurrowski leise durch die Zähne. Er machte ihr eine Räuberleiter und Emma kletterte über das Garagendach zurück in ihr Zimmer.

Ihre Eltern hatten gar nicht bemerkt, dass sie weggewesen war. Emma hörte, wie sie unten im Badezimmer noch immer miteinander »diskutierten«. Ihre Stimmen waren jedoch leise und müde geworden. Emma legte sich ins Bett und zog die Decke bis unter das Kinn. Noch lange lag sie wach und dachte darüber nach, was sie an diesem Abend erlebt hatte. In der Ferne schlug eine Kirchturmuhr Mitternacht. Die Sterne zwinkerten durch das Fenster und Emma zwinkerte zurück. Sie hatte eine Idee.

Am nächsten Morgen waren Emmas Eltern immer noch böse aufeinander. Schweigend saßen sie am Küchentisch und nippten an ihren Kaffeetassen.
»Ich hab mir was überlegt«, verkündete Emma. »Warum fahrt ihr am Wochenende nicht beide weg und ich bleibe allein zu Hause?«
»Das geht doch nicht«, murmelte ihre Mutter.
»Warum eigentlich nicht?«, fragte Emmas Vater. »Sie ist alt genug und es wäre ja nur eine Nacht.«
»Dass dir das in den Kram passt, war ja klar«, brummte Emmas Mutter. Aber sie schien über Emmas Vorschlag nachzudenken. »Traust du dir das wirklich zu?«, fragte sie.
»Logisch«, antwortete Emma.
»Also gut«, sagte ihre Mutter schließlich. »Einen Versuch ist es wert.«

An diesem Vormittag fiel es Emma schwer, in der Schule stillzusitzen. Ein ganzes Wochenende allein zu Hause! Emma wusste genau, was sie machen wollte. Als die Schulglocke endlich läutete, rannte sie so schnell sie konnte in die Stadt.

Schnurrowski saß wie immer in der Fußgänger- passage und blies in seine Mundharmonika. Napo- leon lag neben ihm und schlief.

»Hallo, Große!«, rief Schnurrowski, als er Emma sah. »Setz dich zu uns!«

Aber Emma war viel zu aufgeregt, um sich hin- zusetzen. »Ich mache Samstagabend ein Fest und ihr seid alle eingeladen!«, platzte sie heraus.

»Jetzt muss ich weiter und die anderen suchen! Man sieht sich!« Sie stob davon und Schnurrowski sah ihr verwundert hinterher.

»Hast du gehört, Napoleon? Ein Fest in der Honigstrasse. Und wir sind eingeladen. Da müssen wir uns vorher aber mal wieder hinter den Ohren waschen.«

Vor dem Kaufhaus fand Emma die Grüne Jenny nicht. Dafür traf sie auf die Krawall-Astrid, die auf einem Blumenkübel stand und über das Wetter schimpfte. Sie freute sich über Emmas Einladung und biss ihr zum Dank leicht in die Backe. »Die Grüne Jenny findest du freitags immer hinter dem

Supermarkt«, rief sie Emma zu, bevor sie dazu
überging, mit beiden Händen in den Blumenkübel
zu greifen und die Erde auf den Asphalt schneien
zu lassen.

Hinter dem Supermarkt hing die Grüne Jenny
kopfüber in einem Abfallcontainer und wühlte
darin herum. »Was machst du denn da?«, fragte
Emma.

Vor Schreck plumpste die Grüne Jenny in den
Abfallcontainer. »Ach, du bist es«, sagte sie
erleichtert, als sie Emma erkannte. In ihrem
Lockenkopf hatten sich ein paar Gurkenschalen
verfangen und von ihrer Nase tropfte etwas, das
aussah wie Salatsoße. »Guck mal, heute ist mein
Glückstag!« Sie hielt einen Becher Aprikosen-
joghurt in die Höhe. »Erst seit zwei Tagen abgelau-
fen! Und oh, was ist denn das?« Sie zog eine halb-
volle Tüte Erdnussflips aus den Abfällen. »Ist das
zu fassen?« Zufrieden mit ihrer Beute kletterte
die Grüne Jenny aus dem Container und stopfte
sich ein paar Erdnussflips in den Mund.

»Danke, ich hab keinen Hunger«, lehnte Emma
ab, als ihr die Grüne Jenny die Tüte anbot.

»Ich könnte Tag und Nacht nichts anderes tun als zu essen«, seufzte die Grüne Jenny. »Apropos essen. Wie viel Uhr ist es?«

Emma warf einen Blick auf ihre Armbanduhr.

»Kurz vor eins.«

»Schon so spät!«, rief die Grüne Jenny. »Höchste Zeit für Madame Oberfroh!« Sie nahm Emma bei der Hand und rannte los.

»Wer ist Madame Oberfroh?«, fragte Emma, während sie der Grünen Jenny hinterherstolperte.

»Du wirst sie gleich kennenlernen. Hier sind wir nämlich schon«, sagte die Grüne Jenny und blieb vor einem gelben Haus stehen. *Oberfrohs Suppenküche: Essensausgabe für die Ärmsten*, stand auf einem Schild über der Eingangstür. Ohne anzuklopfen, gingen sie hinein und betraten einen kleinen Saal, in dem an langen Tischen ein Dutzend Struppige saßen. Die meisten kannte Emma schon, aber es waren auch ein paar neue Gesichter darunter.

»Das ist Emma!«, rief die Grüne Jenny. »Wir haben sie gestern Abend kennengelernt. Sie hat uns Schokolade geschenkt!«

»Und das ist noch nicht alles!«, setzte Schnurrowski hinzu. »Morgen macht sie ein Fest und wir sind alle eingeladen!«

Ein Raunen ging durch die Reihen der Struppigen. »Ist das wahr?«, fragte der Professor. Emma nickte. Da jubelten die Struppigen und die Grüne Jenny umarmte Emma so fest, dass ihr beinahe die Luft wegblieb.

Plötzlich öffnete sich eine Tür an der Stirnseite des Raumes und eine große, hagere Frau betrat den Saal. Das musste Madame Oberfroh sein. »Ruhe im Karton!«, schrie sie. »Hat euch der wilde Floh gebissen?«

»Wir haben Besuch bekommen«, sagte Schnurrowski und zwinkerte Emma zu.

»Deshalb muss man doch nicht so einen Lärm veranstalten! Hinsetzen, Mund halten, sonst gibt's nichts zu essen«, schnauzte Madame Oberfroh. Sie ging mit einem großen Topf von Tisch zu Tisch und klatschte eine pampige Linsensuppe auf die Teller. »Isst du mit?«, knurrte sie in Emmas Richtung.

»Nein, danke«, antwortete Emma höflich. Linsensuppe war nicht gerade ihre Leibspeise.

»Bist dir zu fein dafür, was?«, sagte Madame
Oberfroh. »Bitte um Verzeihung. Das Fünfsterne-
menü habe ich heute leider nicht im Angebot.«
»Mach dir nichts draus. Die ist immer so stinkig«,
flüsterte die Grüne Jenny. »Die würde lieber in
einem richtigen Restaurant arbeiten, anstatt sich
hier mit uns herumzuschlagen. Aber sie findet
keine andere Stelle. Ist ja auch kein Wunder. Was
die zusammenkocht, kannst du nur essen, wenn
dir nichts anderes übrig bleibt.«
Emma stand auf und verabschiedete sich von
den Struppigen. »Bis ... bis bald!«, rief sie. Sie hielt
es für besser, wenn Madame Oberfroh nichts von
dem Fest erfuhr.
»Ja, bis bald«, antworteten die Struppigen und
kicherten.

Am nächsten Morgen schwirrten Emmas Eltern
aufgeregt durch das Haus. »Verflixt noch mal, wer
hat schon wieder meine Krawatte versteckt?«,
brüllte Emmas Vater aus dem Badezimmer.
»Kein Mensch interessiert sich für deine Krawatte!«, antwortete Emmas Mutter, die auf ihrem

übervollen Koffer saß und versuchte, den Reiß-
verschluss zuzuziehen. »Dieser Koffer ist einfach
zu klein.«

»Ich komme noch zu spät.«

»Und ich erst.«

Emma schielte auf die Uhr und wartete ungeduldig
darauf, dass ihre Eltern endlich ihre Sachen bei-
einander hatten und sie sich in die Arbeit stürzen
konnte. Für so ein Fest gab es eine Menge vorzube-
reiten. Da durfte sie keine Sekunde verschwenden.

»Dass du mir keinen Unsinn machst, Emma«,
sagte ihre Mutter, während sie in ihren Mantel
schlüpfte. »Um neun bist du im Bett, du putzt dir
die Zähne und guckst keine Gruselfilme im Fern-
sehen an. Die Nummer vom Pizzaservice hängt
am Kühlschrank und Geld liegt in der Schublade.
Ich ruf dich heute Abend an.« Sie drückte Emma
einen Kuss auf die Backe.

»Kommst du endlich?«, rief Emmas Vater, der
schon im Auto saß. »Tschüss, Emma! Morgen
Nachmittag sind wir wieder da.«

Und weg waren sie.

Emma schloss die Haustür und machte einen Luftsprung vor Freude. Dann legte sie los.

Zuerst sah sie nach, wie viel Geld ihre Eltern dagelassen hatten. Danach wählte sie die Nummer vom Pizzaservice und bestellte viermal die komplette Speisekarte.

Die Frau am anderen Ende der Leitung glaubte, sich verhört zu haben. »Du meinst wohl, du möchtest einmal die Nummer vier bestellen?«

Emma korrigierte: »Nein, ich möchte viermal alles bestellen, was Sie haben. Lieferung heute Abend in die Honigstraße 13.«

Als Nächstes plünderte sie sämtliche Süßigkeitenvorräte der Speisekammer und verteilte sie in große Schüsseln. Dann schmückte sie das Wohnzimmer mit Luftballons, deckte den Tisch und pflückte im Garten einen Blumenstrauß.

Gegen Abend rief ihre Mutter an. Emmas Herz klopfte. Sie hatte ihre Eltern noch nie angelogen.

Zumindest nicht so richtig. »Hier ist alles in Ordnung, Mama«, sagte sie ein bisschen zu laut und zu schnell. »Ich bin schon im Schlafanzug und geh gleich ins Bett.«

»Ist gut, Süße«, antwortete ihre Mutter. »Dann träum was Schönes.«

Emma hatte gerade den Telefonhörer aufgelegt, als es an der Haustür klingelte. Da standen sie – die Grüne Jenny, Schnurrowski, der Professor, die Krawall-Astrid, Zwockel, Lü, Amore, Katz, Whiskey-Lukas, Jekka, Oskiposki, der lange Jones und wie sie alle hießen.

»Hallo, Emma! Hier sind wir!«, riefen sie im Chor. Und dann begann ein Fest, wie es die Honigstraße 13 noch nie gesehen hatte.

Wenn Emmas Eltern Gäste einluden, dann standen die Erwachsenen nur herum, tranken Sekt und unterhielten sich über ihre Arbeit. Todlangweilig.

Aber das hier, das war etwas anderes. Das war ein richtiges Fest. Die Struppigen pfiffen auf gute Tischmanieren. Mit beiden Händen schaufelten sie sich Chips und Pizza, Schokolade, Kekse und Sahnebonbons in die Münder, sie schmatzten, schlürften und rülpsten, dass die Wände wackelten. Der Hund Napoleon bekam eine ganze Salamipizza für sich allein und darüber freute er sich so sehr, dass er auf den Fußboden pinkelte. Die Grüne Jenny tanzte mit dem Professor einen Tango auf dem Tisch, die Krawall-Astrid steckte ihren Kopf in das Tiramisu und der lange Jones wettete mit Whiskey-Lukas, wer sich mehr Erdnüsse in die Nase stecken konnte. Schnurrowski

spielte auf seiner Mundharmonika, die Struppigen
fielen mit ein und sangen so laut und so schief,
dass es einem ganz warm ums Herz wurde.
Ein bisschen Sorge machte es Emma, dass ihre Eltern schon am nächsten Tag zurückkommen wür-
den. Wie sollte sie bloß das Haus bis dahin wieder
in Ordnung kriegen? Aber als sie der Grünen
Jenny davon erzählte, da lachte die nur: »Ach was.
Wenn wir morgen aufstehen, dann machen wir

und schon ist es hier wieder blitzblank. Ich hab
dir doch erzählt, dass ich zaubern kann.«
Bis spät in die Nacht hinein dauerte das Fest.
Als sie sich müde getanzt und gesungen hatten,
trugen sie alle Matratzen, Decken und Kissen,
die sie im Haus finden konnten, auf die Terrasse
und bauten sich daraus ein riesiges Schlaflager.

»Soll ich euch eine Geschichte erzählten?«, fragte der Professor.

»Au ja«, antwortete Emma.

»Also. Da gab es einmal einen Mann«, begann der Professor. »Der führte ein ganz normales Leben. Wie Emmas Mutter arbeitete er an der Universität und wohnte mit seiner Familie in einem schönen Haus. Eines Tages fuhr der Mann zur Arbeit. Seine Frau und seine Kinder standen im Türrahmen und winkten ihm zum Abschied. Das war das letzte Mal, dass der Mann seine Familie sah. Denn als er an diesem Abend von der Arbeit nach Hause kam, da war das Haus abgebrannt.«

»Was?«, rief Emma. »Das stimmt doch nicht, oder?«

»Du solltest Emma nicht solche Geschichten erzählen«, schimpfte die Krawall-Astrid.

»Warum nicht?«, antwortete der Professor leise »Nicht alle Geschichten gehen gut aus.«

»Trotzdem ist das Leben zum Sterben schön!«, murmelte Schnurrowski schläfrig. »Besonders heute und besonders jetzt.«

Als Emma am nächsten Tag aufwachte, stand die Sonne schon hoch am Himmel. So ein Mist!

Emma rüttelte die Grüne Jenny und rief: »Wach auf, Jenny! Du musst jetzt deinen Zaubertrick machen! Meine Eltern kommen gleich nach Hause!«

Die Grüne Jenny öffnete widerwillig das linke Auge und brummte: »Was muss ich machen?«

Aber Emma kam nicht mehr dazu, ihr zu antworten, denn in diesem Moment fuhr ein Auto vor und kurz darauf standen Emmas Eltern auf der Terrasse.

»Was ist denn hier los?«, brüllte Emmas Vater und bekam einen roten Kopf.

»Raus aus unserem Haus!«, schrie Emmas Mutter und bewaffnete sich mit dem Gartenschlauch. Erschrocken sprangen die Struppigen auf und machten, dass sie davonkamen. Sie sagten Emma nicht einmal Auf Wiedersehen. »Lausebande!«, rief Emmas Mutter ihnen hinterher. »Lasst euch hier bloß nie wieder blicken!«

»Was hast du dir dabei gedacht, solche Leute in unser Haus einzuladen?«, fragte Emmas Vater, als alle Struppigen weg waren.

Ohne Emma Zeit für eine Erklärung zu geben,
fügte ihre Mutter hinzu: »Wir sind sehr ent-
täuscht von dir. Du hast Hausarrest.«
Emma ging in ihr Zimmer und setzte sich auf das
Bett. Sie war so wütend wie noch nie in ihrem
Leben. Keiner durfte so mit ihren Freunden um-
gehen, nicht einmal ihre Eltern. Emma schluckte
die Tränen hinunter und dann fasste sie einen
Entschluss. Sie packte ihren Rucksack und wartete darauf, dass es dunkel wurde.

Die Struppigen saßen wie jeden Abend um ihr
Feuer am Waldrand. Sie freuten sich, Emma zu
sehen. Von ihrem Plan waren sie jedoch nicht

begeistert. »Überleg dir das nochmal, Mädchen«, sagte der Professor. »Du hast so ein schönes Zuhause. Immer etwas zu essen, wenn du Hunger hast.«

»Mir egal«, antwortete Emma. »Ich bleib bei euch. Für immer.«

Die Struppigen redeten noch eine Weile auf sie ein. Aber Emma blieb stur. Irgendwann zuckte Schnurrowski die Schultern und sagte: »Na, wenn sie unbedingt will. Napoleon und ich haben nichts dagegen.«

So kam es, dass aus dem Goldkind Emma an diesem Abend eine Struppige wurde. Sie kuschelte sich in ihren Schlafsack und hörte der Grünen Jenny zu, die ein leises, trauriges Lied sang. Emma drückte ihren Teddy an sich und schlief ein.

Am nächsten Morgen wurde Emma wach, weil ihr Magen knurrte.

»Was gibt's zum Frühstück?«, fragte sie die Struppigen, die sich verschlafen die Augen rieben.

»Habt ihr Cornflakes? Ich esse am liebsten Cornflakes zum Frühstück. Oder Marmeladenbrötchen. Und eine heiße Milch.«

Die Struppigen sahen sie erstaunt an. Dann prusteten sie laut los. »Du musst noch ein paar Dinge lernen, wenn du bei uns bleiben willst, Große«, sagte Schnurrowski lachend. »Komm jetzt.«

Sie packten ihre Sachen zusammen und liefen Richtung Stadt. Bald kamen sie an der ersten Bäckerei vorbei, aus der es verführerisch duftete.

»Warum gehen wir nicht einfach rein und holen ein paar Brötchen?«, schlug Emma vor. »Ihr habt doch bestimmt auch Hunger.«

»Probier's doch mal. Wenn du ganz nett Bitte sagst und dich freundlich mit dem linken Fuß hinter dem rechten Ohr kratzt, dann schenken sie dir vielleicht was«, antwortete die Grüne Jenny und kicherte.

Geld. Daran hatte Emma nicht gedacht, als sie von zu Hause abgehauen war. Mit leerem Magen stolperte sie hinter den Struppigen her und bekam immer schlechtere Laune.

»Guck nicht so finster. Du vergraulst uns ja das Publikum«, sagte Schnurrowski zu ihr, als sie in der Fußgängerzone ankamen.

»Welches Publikum?«, fragte Emma.

»Das Publikum, das kommt, um uns singen zu hören.«

»Singen?«, fragte Emma entsetzt.

»Oder tanzen. Witze erzählen. Irgendetwas müssen wir schon bieten, sonst wirft uns keiner was in den Hut«, erklärte Schnurrowski und holte seine Mundharmonika hervor.

»Ich helfe dir«, sagte die Grüne Jenny. »Beim ersten Mal ist es immer am schwersten.«

Zwei Stunden später hatten sie ungefähr zwanzig Mal »Hänschen klein«, dreißig Mal »Auf der Mauer, auf der Lauer« und vierzig Mal »Drei Chinesen mit dem Kontrabass« gesungen. Trotzdem war fast niemand stehen geblieben. Die Leute waren an ihnen vorübergeeilt und hatten so getan, als wären sie gar nicht da. Ganz selten hatte jemand eine Münze in den Hut geworfen.

»Zwei Euro und fünfundvierzig Cent«, zählte Schnurrowski. »Das reicht immerhin für drei Brezeln und einen Knochen für Napoleon.«

Emma lief das Wasser im Mund zusammen.

»Dann los, worauf warten wir noch?«

Sie wollten gerade zur nächsten Bäckerei stürmen, da wurde Emma plötzlich grob im Nacken gepackt. »Hiergeblieben, junge Dame!«

»Madame Oberfroh!«, sagte die Grüne Jenny überrascht. »Was machen Sie denn da? Lassen Sie doch die Emma los!«

Aber Madame Oberfroh lachte nur. »Ich denk gar nicht dran. Das Fräulein ist von zu Hause abgehauen. Und ihre Eltern haben einen hübschen, kleinen Finderlohn für sie ausgesetzt.«

Emma zappelte und strampelte, aber Madame Oberfroh hatte sie fest im Griff. Da fletschte Napoleon seine Zähne und bevor Schnurrowski ihn daran hindern konnte, schnellte er nach vorn und biss Madame Oberfroh ins Bein. Die heulte auf und ließ Emma los.

»Lauf!«, schrie Schnurrowski und Emma rannte los. Die Grüne Jenny, Schnurrowski und Napoleon liefen hinterher.

»Da vorne rechts und dann die Kellertreppe runter!«, befahl Schnurrowski, nachdem sie eine Weile gelaufen waren. Sie bogen in eine kleine Seitengasse ab und gelangten über eine moosbewachsene Treppe in ein muffiges Kellergewölbe. »Das ist einer meiner Regenschlafplätze«, flüsterte Schnurrowski.

Sie horchten noch eine Weile, ob Madame Oberfroh ihnen gefolgt war, aber draußen blieb alles still.

»Eins ist klar«, sagte Emma. »So wie ich jetzt aussehe, kann ich nicht mehr auf die Straße.«

Schnurrowski ging zu einer Holzkiste, die in einer Ecke stand, und holte ein paar alte Kleider heraus. Er zog Emma ein löchriges Hemd über und drückte ihr einen staubigen Cowboyhut auf den Kopf. Ihre Turnschuhe musste Emma gegen ein Paar viel zu große Gummistiefel tauschen und die Grüne Jenny schwärzte ihr die Wangen mit einem Stück Kohle.

»Jetzt würde ich mich wahrscheinlich nicht mal selbst erkennen«, stellte Emma zufrieden fest.

Eine halbe Stunde später saßen die drei endlich auf einer Bank am Marktplatz und frühstückten. Napoleon lag vor ihnen auf dem Boden und nagte an einem Knochen. Es ging schon auf Mittag zu. Nach und nach kamen die Leute aus ihren Büros und besetzten die Tische der Restaurants. Die Schulkinder waren auf dem Nachhauseweg und zogen lärmend an ihnen vorüber. Auch einige von Emmas Klassenkameraden waren darunter. Aber niemand erkannte Emma, die sich den Cowboyhut tief in die Stirn gezogen hatte und vergnügt den letzten Bissen ihrer Brezel hinunterschluckte. Jetzt, wo sie satt war, machte ihr das Leben wieder Spaß. Wenn es nach ihr ging, konnte es so weitergehen – keine Schule, kein Stress zu Hause und nur noch den Himmel über dem Kopf.

»Wo schlafen wir eigentlich,
wenn es Winter wird?«,
fragte sie.

Aber die Grüne Jenny winkte ab und sagte nur: »Jetzt ist Sommer.«

Und damit hatte sie zweifellos Recht. Die Sonne schien warm und freundlich auf sie hinunter. Emma legte ihren Kopf an Schnurrowskis Schulter und beinahe wäre sie eingedöst, als plötzlich der Professor vor ihnen stand und rief: »Guck mal, Emma. Sind das nicht deine Eltern?«

Tatsächlich – mitten auf dem Marktplatz standen ihre Mutter und ihr Vater. Sie hatten Zettel in der Hand, die sie an die Vorübergehenden verteilten. Einer dieser Zettel flatterte den Struppigen vor die Füße.

Wer hat unser GOLDKIND gesehen?,
stand da in großen Buchstaben. Darunter war ein
Foto von Emma und etwas kleiner gedruckt war
zu lesen: *Seit gestern Abend ist unsere Emma spurlos verschwunden. Wer kann uns sagen, wo sie ist?
Hinweise an die Polizei oder direkt an die Honigstraße 13. Großzügige Belohnung garantiert.*
Mittlerweile hatten sich auch andere Struppige bei
ihnen eingefunden. »Das gibt Ärger«, sagte die
Krawall-Astrid.

»Was machen wir denn jetzt?«, fragte die Grüne
Jenny.

»Wir müssen hier weg, bevor sie mich entdecken!«,
sagte Emma schnell.

»Ich weiß nicht, Emma. Die beiden sehen ganz
schön traurig aus«, sagte Schnurrowski.

Plötzlich ließ sich Emmas Vater auf den Asphalt
plumpsen und vergrub sein Gesicht in den Händen. Emmas Mutter setzte sich neben ihn und legte ihre Arme um seine Schultern. Das war ein
seltsames Bild. Ihr Vater im Anzug, ihre Mutter
in ihrem schönen schwarzen Kleid, mitten in der
Fußgängerzone auf dem Boden. Kopfschüttelnd

gingen die Leute an ihnen vorüber. Emmas Herz schnürte sich zu einem kleinen, pochenden Klumpen zusammen. Nicht eine Sekunde länger konnte sie es aushalten, ihre Eltern so zu sehen. »Mama! Papa! Hier bin ich doch!«, rief sie und rannte auf ihre Eltern zu.

»Emma«, schluchzten sie und drückten sie ganz fest an sich. »Emma, Goldkind Emma, du bist wieder da.«

»Jetzt reicht's aber«, sagte Emma, als sie fand, dass es genug war mit all den Umarmungen und dem Geküsse.

»Wo warst du denn nur?«, fragte ihre Mutter.

»Bei meinen Freunden«, antwortete Emma und zeigte auf die Struppigen, die sich in einiger Entfernung versammelt hatten und sie beobachteten.

»Freunde!«, schnaubte Emmas Vater ärgerlich.

»Du willst uns doch nicht erzählen, dass das deine Freunde sind.«

»Doch!«, rief Emma. »Sie haben sich um mich gekümmert.«

»Ist das so?«, fragte Emmas Mutter.

Emma nickte. Da seufzte ihr Vater, ging zu den Struppigen und redete eine Weile mit ihnen. Die Struppigen grinsten, dann winkten sie Emma zu und gingen davon.

»Was hast du ihnen gesagt?«, fragte Emma misstrauisch.

»Ich hab sie zum Essen eingeladen«, antwortete Emmas Vater.

»Du hast was?«, fragte Emmas Mutter erschrocken.

»Für heute Abend«, sagte Emmas Vater. »Und diesmal wird keine Pizza bestellt. Heute kochen wir selber.«

»Das war eine idiotische Idee«, schimpfte Emmas
Mutter ein paar Stunden später, während sie
wie wild in einem Topf herumrührte. »Die Sauce
klumpt. Was soll ich denn mit dieser Sauce
machen?«

»Reg dich nicht auf«, antwortete Emmas Vater.
Er öffnete den Ofen und in Sekundenbruchteilen
füllte sich die ganze Küche mit schwarzem Rauch.
»Ach du dickes Ei!«, brüllte er. »Das ist ja total
verbrannt!«

In diesem Moment klingelte es an der Haustür.
»Was machen wir denn jetzt?«, fragte Emmas
Mutter.

»Wir kratzen das Schwarze ab und schütten die
Sauce drüber«, schlug Emma vor. »So schlimm
wird's schon nicht sein.«

»Italienische Ente in Rotweinsauce mit Orangen und karamellisierten Walnüssen«, sagte Emmas Vater zu den Struppigen, nachdem sich alle im Esszimmer versammelt hatten. »Wir haben unser Bestes gegeben. Hoffentlich schmeckt es Ihnen.« Emmas Mutter stellte den dampfenden Bräter auf den Tisch und gespannt sahen sie dabei zu, wie die Gäste die ersten Bissen kosteten.

»Hm ... ja ... doch ... interessant würde ich sagen. Vielen Dank«, sagte der Professor und tauschte einen verlegenen Blick mit der Grünen Jenny. Da nahm Emmas Vater selbst die Gabel in die Hand und schob sich ein Stück Fleisch in den Mund. Gleich darauf spuckte er es zurück auf den Teller und rief: »Das schmeckt ja fürchterlich!«

»Na, eines steht mal fest: Kochen können Sie nicht!«, sagte Schnurrowski fröhlich und hob sein Glas. »Darauf sollten wir anstoßen!«

»Aber das ist doch schrecklich!«, rief Emmas Mutter. »Was essen wir denn jetzt?«

»Machen Sie sich keine Sorgen. Das haben wir gleich«, sagte die Grüne Jenny und verschwand mit der verbrannten Ente in der Küche.

Man hörte sie eine Weile werkeln und als sie kurze Zeit später den Bräter zurück auf den Tisch stellte, duftete es daraus so verführerisch, dass allen das Wasser im Mund zusammenlief. Vorsichtig kosteten sie. Und es schmeckte fabelhaft.

»Das ist ein Wunder«, sagte Emmas Vater. »Wie haben Sie das gemacht?«

»Ich hab doch gesagt, dass ich zaubern kann«, antwortete die Grüne Jenny und zwinkerte Emma zu. Es wurde ein sehr vergnüglicher Abend. Man aß und man trank. Emmas Vater unterhielt sich mit der Grünen Jenny über Kochrezepte und Emmas Mutter plauderte mit dem Professor über das alte Ägypten. Emma tollte mit Napoleon über die Terrasse und Schnurrowski spielte so mitreißend auf seiner Mundharmonika, dass sogar Emmas Eltern ein Tänzchen wagten.

Es war schon weit nach Mitternacht, als die Struppigen sich verabschiedeten. Emma zog ihren Pyjama an und schlüpfte unter die Bettdecke. Ihre Eltern saßen am Bettrand und keiner von beiden stand auf, weil noch die E-Mails gecheckt oder wichtige Telefonate geführt werden mussten.

»Das war ein schöner Tag«, murmelte Emma
und dann fielen ihr die Augen zu.

Am Himmel glitzerten die Sterne. Ein kühler
Nachtwind kam auf und raschelte durch die Bäume. Noch waren die Blätter grün, doch es würde
nicht mehr lang dauern, bis sie sich verfärbten
und zu Boden fielen. Der Sommer würde
zu Ende gehen und der Herbst würde
kommen. Draußen am Waldrand
vor der Stadt kuschelten sich die
Struppigen enger um das Feuer.

Biographien

Eva Rottmann wurde 1983 in Würzburg geboren und studierte an der Zürcher Hochschule der Künste im Departement Theater. Seit ihrem Abschluss arbeitet sie als Theaterpädagogin und Autorin. Sie schreibt Hörspiele und Stücke, vor allem für Kinder und Jugendliche. Ihre Arbeiten wurden mehrfach ausgezeichnet (u. a. Stücklabor Theater Basel, Heidelberger Stückemarkt). Mit ihrem Stück »Die mich jagen« war sie 2012 für den Deutschen Jugendtheaterpreis nominiert. Eva Rottmann lebt in Basel.

Eleanor Sommer, geboren 1974 in Hamburg, studierte Illustration an der Hochschule für angewandte Wissenschaften in Hamburg. Sie liebt bunte Muster und zeichnet gern Monster und merkwürdige Tiere. Sie arbeitet als freie Illustratorin und Grafikerin in Sichtweite des Hamburger Hafens, wo sie auch mit Herrn Sommer und dem gemeinsamen Sohn lebt.